JN418175

밤하늘에 꽃이 핀다

밤하늘에 꽃이 핀다

이상현 시집

月刊文學 출판부

| 시인의 말 |

세상이 조금 더 맑고 따스해지면 좋겠습니다.

내 땅 밟고 뚜벅뚜벅 걸어서

백두산까지 갈 수 있으면 참 좋겠습니다……

2018년
이상현

차례

밤하늘에 꽃이 핀다

한라산 구상나무

한라산 백록담 아래
노루 샘물
펑펑 내리는 눈
담담하게 온몸으로 받아 입고

푸르디푸른 잎 한 가닥 한 가닥에
고드름마저
달고 사는 구상나무

세상사 아픔이 깊어도
제주도 파도소리 벗삼아
시퍼렇게 웃는 구상나무

춥다 하지도
추워하지도 않아
눈 오고 고드름 달려도
때 되면 녹아
생명수 될 테니

겨울 벤치

벤치는 앉는 사람
엉덩이 온기로 산다

기약 없는 온기를 기다리며
땅속에 시간을 묻는다

낙엽이 호로롱 날아와
살아온 사연을 건네고

도토리 입에 문 다람쥐
귀를 열 때

잔설(殘雪)에 떨어진 솔잎
아지랑이 봄날을 꿈꾼다

버들강아지

미처 여물지 못한 새벽별
흐르는 물 속에서 솟아올라
들판의 가슴에 안길 때

대나무순 무성한 산기슭
첫새벽 찬 이슬 맞아
볼 발개진 버들강아지

개여울 물소리에 놀라 잠깬
보송보송한 버들강아지
컹컹 짖으며
솜털 미소 날려 보낸다

청량산 달빛

별이 내게 묻는다
어디 가냐고
어디에 있냐고

달이 내게 묻는다
어디 가냐고
어디로 가냐고

시냇물이 내게 묻는다
어디 가냐고
어디쯤 가냐고

생각마저도 놓아버리고
같이 흐르자 한다

달, 별 안은 시냇물이
내게 묻는다

무얼 하러 가냐고
그냥 함께 흐르자 한다

헤어지지 않는 만남은

만나면 헤어지게 된다
헤어지지 않는 만남은 없다

깊은 어둠과 만나 헤어지면
어슴푸레 하늘 열며 나타나는 첫 새벽

하늘 여백 있어 산으로 보이는 산
몸에 밴 미소가 슬픔을 달래주듯
선선한 풀벌레 소리 졸음 오듯 들려온다

소리 없이 재가 되어 날아가 버린 밤
수북이 찢겨진 낮달 같은 원고지
나는 시와 헤어지고 있는가

같은 가지에 태어난 나뭇잎도
홀로 떨어진다
주고 나누어야 할 따스한 손길
미루지 말고 지금 이 순간

밤하늘에 꽃이 핀다

동아시아 허리 잘린 빙토에
밤하늘 꽃이 핀다

깊은 보조개로 피어난 웃음
꽃별 되어
정갈한 강물로 내려와

모든 생명 목마름 적셔줄
맑고 시원한 생명수 되기를

강팍한 들판, 들꽃들은
이렇게 오랫동안
기다리고 기다렸나 보다

기찻길 옆

황토벽 사이로 얼기설기 드러나 보이는 수수깡
기찻길 옆 선술집 이층 청파(青坡)다방

껍질 벗겨진 전깃줄에 널린
실 보푸라기투성이 빨래
실바람 한 번 불면 새까매지는 광산촌
돼지비계로 씻어내던 몸 속 석탄가루

석탄 실린 목청 좋은 화차
역무원 흔드는 파랑색 빨강색 깃발에 맞춰
옆 차와 짝짓기하듯
삭풍에 문짝 흔들리는 소리를 낸다

이층 푸른 언덕 다방에선
쌍화차 노른자 동동
양귀비거울 호호호
불타는 석탄 난로
이미자의 동백아가씨, 섬마을 선생님……
느릿느릿 부초처럼 흐른다

아, 또 꿈을 꾸었나보다

종소리 되어 울리는 그립고 아린 그 시절
이빨만 하얗게 웃으며 울었던
허파를 삼킨 검은 섬

목련 기다리는 땅

누구 죄를 대속하느라
저리도 피를 토하는가

어느 조상 잘못을 떠맡아
저리도 누렇게 떠 있는가

사방이 벽에 가로막힌 이 땅
머지않아 얼음 녹아

단풍 은행잎 날아가고
목련이 뚜벅뚜벅 올 것이다

겨울바다는 차갑지 않아

겨울바다는 차갑지 않아
시린 가슴 따스하게 해주니

달빛은 외롭지 않아
밝은 마음 일깨워주니

별빛은 서럽지 않아
언 가슴 반짝반짝 녹여주니

우린 이제
시리고 외롭고 서럽지 않아

우리 마음결 깊은 곳에
바다 달빛 별빛
살아 숨쉬니

을왕리 겨울바다

밤새 깃 세운 파도 휩쓸고 간
첫새벽 겨울 해변
무수한 첫 걸음마 탄생지

아침 햇살 머금은 바닷바람
고깃배 깃발 소리 모여
청량한 하루가 열린다

파도 옆에 누워 늘 같이 흐르던
차가웠던 세월
썰물에 실어 보낸다

한 층 한 층 쌓이며 들어오는
하얀 탑들
환하게 웃으며 들어오는
눈 맑은 밀물을 기다린다

초겨울에 튼 새싹

만취한 단풍
하나 둘
시냇물 타고
뱃놀이 떠날 즈음

봄날 새싹 트듯
한 발 두 발 내딛고 오신 임

흐르는 물 베고 자는 이
혹여 단잠 깨울세라

까치발로
고목처럼
서 있다

강마을 상류

낙동강 상류 강마을
삼강(三江) 주막
부엌 구석
주모 할매 화풀이 당해
볼 부은 꼬마 빗자루

빗살 다 닳아
술 찌꺼기 제대로 안 쓸린다고
빗자루 몽뎅이 쓸모없기는
내 인생과 같다고
김 나는 가마솥 뚜껑에다 패댕이치고
탁주 한 바가지 들이켤 때

괴탄 갈탄
신나게 타들어가는
낡고 녹슨 난롯가에 옹기종기
손불 쬐는 촌로(村老)들

어르신들의 목 뒷덜미

거북이 등처럼 갈라터진 세월에
누가 칼을 대련만
고향 이발관 최 서방은 신이 난다
"아이구 시원하겠다
최 서방 칼질 이쁘게도 하네그려"

고추농사 소출 시원찮고
부풀린 자식 효도 자랑하면서
면도솔 쫄아붙어도 스걱 샤아악 잘도 소리 내는
검정색 바랜 면도칼 신명 가락에

참깨 들깨 털듯 시름겹고
시름 잊고 덕담 나눌 때

맑고 누우런
듬성듬성 빠진 이빨 사이로

정겹게 흐르는
강 마을
달빛 세월

나무 수레바퀴

송진 냄새 덜 가신
소나무 가지에 걸려
팔랑거리는
라이터돌과 좀약 비닐봉지

좌판에 누워 있는
수세미와 양잿물 비누
참빗과 검정 고무줄

라이타돌 사세요, 좀약 사세요
어눌한 목청에 깜박 잠든
산골 5일장 찾아다니는
낡은 나무 수레바퀴

내일은 또 어느 장터로 가려나
아기 울음소리에 잠이 깬다

끄는 사람
미는 사람

등에 업힌 아기
콜록콜록 기침을 한다

내일도 눈 덜 녹은
저 높은 산 넘어가야 하는데

초승달에 안긴
아리고 아린
아기 보조개

아직도 가야 할 길이 남아 있으면

아직도 가야 할 길이
남아 있으면
행복한 삶이요

가고 싶은 삶의 여정이
걸어가고 싶은 산길이
나의 마음을 부추긴다면
아직도 행복은
나를 기다리고 있음이요

바라보는 산이 아름다움은
여백의 하늘이 있음이요
한 걸음 한 걸음 흘린
땀이 주는 미소이리라

부드러운 사람도 고맙고
아주 거리가 먼 사람마저도
나를 더 큰 그릇으로 키워주려는
스승이리라

한 걸음 한 걸음마저도 힘겹게
내딛고 걸어가는 주위 사람들 곁에서
소곤소곤 힘 북돋워주는
새파랗고 싱그러운
뿌리 되었으면

나도 꽃처럼

나도 꽃처럼
알몸으로 비 맞고 싶다

우직한 바위처럼 늘
웃어야만 해서
남모르게 햇살 눈부실 때만
눈물 훔쳤으니

이젠 활짝 필 때
환하게 웃고
낙엽 되면
서글퍼하고
떨어지면
아파하고 싶다

하얀 눈 속에서
호호 불며 추워하고

새싹으로 돋아날 거름 되어

따스한 봄날
헤아린다

바다가 된 산

내 속에 일렁이는 파도
속살이 모래인 파도 만나
반가워 손 잡는다

바다가 살포시 웃으며 내 어깨 토닥여주니
오늘도 힘 얻고 간다

어머니 품속 같은 바다가 준
물 바람 햇살 먹고 자란
설악산 구석구석
어린 봉우리들

바다로 젖 먹으러 와
바다가 된다

바다가 산을 만들고
산이 바다가 되고
바다가 사람을 만든다

꽃이 아닌 삶이 있던가요

맑은 하늘과 고요한 땅에서 태어났으니
이 세상에 꽃이 아닌 삶이 어디 있던가요

목련의 수줍음으로 와서
장미의 기쁨으로 웃고

코스모스의 해맑음으로 울다
홀가분한 갈대로 다시 태어나

봄날 아지랑이 기다리며
눈꽃으로 새로 움튼다

피었다 지고 저물었다 피어나는
우리네 기쁨과 슬픔들

밤에만 피는 꽃

먹고 살기 위해
밤에만 피는 꽃

소중한 꽃인 줄 모르고
희롱한 바람

우아하던 백합
하얀 들꽃으로 변한 건

갑자기 쏟아진
소나기 탓

소나기 그치면
뽀오얀 그 님

이젠 꽃 아니고 싶어요

해맑은 꼬맹이부터
주름진 할머니까지

참 예쁘다 어쩜 저리도 고울까
볼도 만지고 머리 쓰다듬어 주기에
저만 잘난 꽃인 줄 알고 살았어요

장마 지고 눈보라쳐도
영원히 꽃일 거라 생각했어요

햇빛, 달빛, 땅, 물
모두의 은혜 받고
뿌리, 줄기, 가지, 잎 덕분인 줄
미처 모르고 살았어요

이젠
꽃 아니고 싶어요

날아가는 꽃

꽃이고 싶은데
꽃잎이라 한다

날아가고 싶은데
날려간다 한다

시리고 아픈데
따스하게 웃어라 한다

바람도 잠시 쉬어 가는데
계속 불어라 한다

차고 맑은 마음 깊은 샘인데
불길 안은 화산이 되어
삶을 태우라 한다

바람에 날려가지 않는
날아가는 꽃이 되리

꽃과 유람선

꽃이 돋보이려면
흙이 있어야 하고
유람선은
묵묵히 흐르는 물이
있어야 하지 않겠소

우리가 언제
꽃과 유람선 되고 싶다 했소

기다림도
우리 몫이라 생각하오

늘 생명 불어넣어 주는
흙과 물이 되길……

들꽃

길 가다 만난
목이 가늘고
얼굴 하얗고
허리 곧아서
더 귀한 들꽃

자전거 타는 수녀님처럼
바람 불어도
웃으며 흔들리는 꽃

맑은 향기로 흐르고 흘러
전 세계 숨쉬는
모든 생명에게로

흐름마저도 없는 흐름으로
마음의 평화로

햇님 향해
해 뜨는 마음으로

해 지는 마음으로

따스한 미소
늘 나누어주는 들꽃

봄 꽃길

누구의 마음이
이리도 고운 꽃길 인가요

하늘마저 꽃구름
누워 자고 싶어요

아아
맑아서 아름다운 사람이 최고다

아름다움
나누어주니까

바다에 잠긴 작은 별

퇴근시간까지 기다릴 수 없을 정도로
보고 싶다고 너스레 떨던 친구

갑자기 잠적 후 동해바다 어촌에서
낮에는 배 타고 나가 고기 잡고
밤엔 함바집에서 시간 죽이고 있다는
담담하지만 절절한 목소리

소주 냄새 포올 폴 풍길 친구의 바다로 갔건만
텅 빈 그림자
실직을 자처한 지 십 년째
흐르는 세월을 무심하게 흘려보내는 눈빛
원고지 뭉치 빈병 나뒹구는 벗의 체취를 뒤로 하고
나 홀로 바닷가에

서울행 새벽열차 차창으로 어른거리는
벗 없는 서울 하늘 아래
소주 들이켠 기차는 목청도 좋다

먼 길 떠난 별

깨끗하고 시원하게 미소 짓는
북한산 인왕산
아침이 열리는 첫새벽 하늘에
언제나 떠 있다

바람 불면 부는 대로 떠밀려 다니는
뜬풀같이 힘없이 살고
엉성하게 해설피 웃음 지어도
살아 있으니 산다

고향집 초가지붕 달빛에 빛나는
하이얀 박꽃 같던
하나밖에 없는 여동생

마지막 밑천, 육신
피땀으로 일군 성냥갑 집, 산동네
건장한 어깨들이 휘두르는 방망이에
피 터지는 현장, 철거민 동네

철거 현장 사진 모두 찍어놓아야
보상 더 받게 할 수 있다고
머리 깨지고도 병원에서
환하게 웃던 별

먼 길
떠난
별

송이버섯 만난 산

산불 놓아 밭 일구고
송이버섯 팔아
왕대포 한 사발

비틀거리는 신작로
달빛 두른 산 그림자

평생 사는 게 헛헛하다며
오지 산으로 들어간
해고당한 화전민 친구

댓잎 소리

오늘이란 시냇물에
몸과 마음이란 낙엽
무심하게 띄워 보내는 초가을

댓잎 부비는
맑은 바람
말을 건넨다

입 닫고
귀 열고
눈으로 말하라 한다

물구나무 선 목련

목련 꽃나무는
물구나무 선 여인

머리 얼굴 목 가슴 배까지
아직은 차가운 땅속에 묻고

잠깐 피다 지고 마는
눈꽃처럼 시린 목련

얼음 덜 녹고 바람 찬데
하얀 맑음 거두어 간다

수줍기만 한 알몸
하늘 향해 드러낸 채

가랑이 그루터기 속으로
벌 개미 넘나들어도

나이테 속에 묻은 것보다 더 커서 슬픈

싱그러운 잎으로
꽃을 먼저 피운 아픔으로

봄 여름 가을 겨울
처음처럼 기다린다

소리

물안개 피어나는
첫새벽 강
눈 맑은 미소짓는 소리

하얀 섬 두드리는
이른 새벽
파도 소리

밤 새워
원고지 메우는
술방울 소리

엘리베이터

오늘 아침 따라 층층마다 사람이 탄다
눈인사는 하지만 속은 아니다

층층마다 타기 위해
엘리베이터는 서 있는 것이다

급하다고 나만을 위한
일인용 인생 엘리베이터는 없다

속을 태우거나 오므리는 건
누룽지가 할 일이지
내가 할 일은 아니다

사방팔방 금이 간 가마솥 안고
나는
내려가는 중이다

생각나는 욕심쟁이

아기 손마디 자라듯
쏘옥 쏙
새싹 트는 소리

한여름 주말농장 땡볕
김밥 한 줄 펴는데
먼저 입 대는 파리 일가족

시집 읽으려 닦아 놓은 돋보기안경
롤러코스터인 양 타고 놀아
매미 가족처럼 커 보인다

아아
어디서 본 듯 생각나는
파리 닮은 욕심쟁이

별 생각 다한다는 듯
김밥 곁 서성이는
실팍한 들비둘기 한 쌍

따뜻한 시

가장 맑은
시는
참회의 눈물이요

가장 깊은
시는
따스한 눈길이요

가장 가이없는 아낌의
시는
힘들고 지칠 때 함께 함이요

가장 아름다운
시는
한숨을 미소로 바꿔줌이요

가장 따뜻한
시는
눈 속 평화로움이리라

시인

시인은 입이 없다

맑은 눈빛과
글로써 말할 뿐

늘 흐르는
맑은 물

누구나 와서
손바닥 오므려 마시는
샘물 되고 싶을 뿐

시인은 입이 없다

북극곰 같은 문인

얼음을 깨물고도
귀엽게 살아가는
북극곰 같은

맑은 눈빛에 시려
눈 멀어도 좋을

따스한 눈빛에 녹아
재만 남아도 좋을

문단의
협객이 아닌

여유롭고 멋있고
또 보고싶은 매너 좋은
그런 문인이 그립다

흐르는 물 되어

맑고 싱그러운
어느 시인의
첫 마음처럼

맨발로
흙 밟으며
타박타박 가렵니다

여울 소리 깊은 강마을 주막
이 몸 한 조각 걸칠
툇마루 있다면

강물 소리
대나무 숲 바람 소리
흠뻑 젖으러

그렇게 숨쉬러
흐르는 물 되어
훠이훠이 가렵니다

흐르는 물처럼

눈 풀려서 살지 말라기에
눈에 힘주고 살다 보니
혼자만의
사팔뜨기 외눈으로 살아왔다

허물 많은 세월
혹여
거름 될 수 있다면

마음의 잔 내려놓고
나마저도 내려놓고
흐르는 물처럼 모두 나누어드리지요

깊은 산골 물소리

고즈넉하게 걸어가는 나그네 보고
쉬었다 가시게 말 거는

설악산 자락 진동 계곡
맑은 물소리
풍경 소리

어서 오라 미소 짓는
박꽃 같은 정자
까르르 웃으며
눈 장단 맞추는 들꽃 물결

늘 그대로 안아 주는
푸근한 산

어슴푸레 밝아 오는
청아한 새벽 하늘
말 없는 산의 벗님

찌르르 까르르 빗쫑빗쫑
계곡 깨우는 소리

나그네 마음 씻어주는
물소리
새소리
산소리
하늘소리

얘들아 이젠 그만 자고 깨야지

겸손 묵언

스스로 자기 낮추면서
남 높이기
말하지 않고
말 들어주기

잠시라도 있었음은
옆 사람이
있게 해주었음을

무언가 말했음은
옆 사람이
들어주었음을

밀리고 밀려서 온
파도와
홀로 헤엄쳐 온
파도

하얀 실타래 당기는

파도
그 끝자락

하얗게
하얗게

주더이다
주더이다
끝도 없이

이른 새벽 눈마을

누워 있는
하얀 스키장

서 있는
보드라운 초록 숲

별마저 쉬는
이른 새벽

뫼 가람 사람
잠들고

임 기다리며
귀 기울이면

가장 여문 별빛
눈 녹는 소리

눈 내리는

별빛 마을
마음 평화

아들과 함께 온 임

어느 겨울
설악산 넘어가는
하얀 나라

은은한 향기로 내려
다가오는 목화 꽃송이
목련꽃 조팝꽃 알갱이

가수 이안의 물고기자리
패티김 초우
해바라기 사랑으로 내려와

하얀 눈물 한 송이
똑 떨어져
새파란 회초리 된다

아들이 걸어가야 할 뉴욕 거리
불꽃 아닌 포근한 눈길이길
또 기다려야 할 아득한 만남

맑은 물결

하늘
우러러보며 눈물짓지 않게

땅
밟지 않아도 푸근함 느끼게

바다
세상사 거세어도 서러움 접게

사람
사랑과 평화의 물결 되게 하소서

북한산 기슭 달팽이

북한산 인왕산이
다 보이는 곳에 사는
달팽이에요
매화 난 국화 대나무 돌들이
저 보고 대장이래요

대나무 형님은 마디마디마다
비어 있다 하시고
매화 누님은 고고한 조상 탓에 버티고
산다 하시고

누님이 질투하는 동·서양란은
제가 보기에도 예쁘고
곁에 가고 싶지요

국화는
제가 즐기는 밥이죠
우리 가문을 먹여 살리는
생명줄이지요

큰형님, 돌님들은
말이 없어요
가끔
아주 가끔
맑고 고요하게
살라고 하시지요

우리 보고
가끔 합장 기도하는 씨알이
꽃 따먹지 말고
흙냄새 맡으며
땅에서 살라며
샤워기로 밀어낼 때는
할아버지와 자식 생각에 약속했어요

우리 보고
하루하루 사는 것이
있음도 없음도 없는

여행길이라며
서로 보듬고 살라기에
정말 그리 살아볼까 했는데
정말 그리하면 아니 되는데
매화 난향에 입을 대어 볼까 해요

저 정말
속물이고
욕심 지나치지요?

해 돋는 겨울 강

뜨거운 바람 세차게 불어
고드름처럼 얼어붙은
아기 손마디만 한 우리 땅

윗마을 아랫마을 하나되게
온기 생기 배달부
살아 숨쉬는 겨울 강

눈 맞고 매화 동백 피어나고
개여울 물소리 들릴 때
갯버들 움트는 소식

폭풍 지나간 자리 훈풍 불어
우물만 한 보조개 미소 짓도록
해 돋는 겨울 강

약속 지키지 못한 아빠

"아빠, 우리나라는
왜 요것만 해?"
세 살배기 새끼손가락

조상이 못나서 작아 보이지만
대한민국은 너의 손가락만큼
작지만은 않단다
진정한 대한민국은
너와 나란다

스물두 살 입대한 아들
첫 면회 와서
부대 내에서 떠나보내는
현실은
38선만큼 아프다
오히려 더 아프다

여덟 살 되던 해
"아빠,

무서운 군대
나도 가야 해? 무서운데"

걱정하지 마라
너희 컸을 때면
통일 되어서
군대 갈 일 없다고 했었는데……

38선은커녕
특전사 군부대에서 면회시간 끝난 아들
뒷모습 보며
손수건이 필요하니

약속 지키지 못한
못난 아빠

천지 눈물

중국 땅 장백산에서
더 이상 갈 수 없어
바라보기만 해야 하는 백두산

솟구쳐 장백폭포
송화강 흐르는 천지
우리 동포 하나 되길 갈망하는 눈물

두만강 압록강
목말라 굶주린 황토 흙눈물

세상 사람들
형 아우 만나 볼 부비며 사는데

머리도 다리도 있건만
못 만나고 사는 우리 겨레

이젠 털어내야만 할 작고 천박한 그릇
없던 철책선까지 만들고 스스로 없애지도 못하는

못난 씨알들

만주벌판 선구자는
오늘도 우리를 향해
눈 부릅뜨고 말채찍 갈긴다

가야만 하는 길

서울에서 서해 바다 지나
함평 농민들 시름 듣고

해남 땅끝 마을 바다 바람
보길도 윤선도 님 느끼고

남해 충무공 큰 뜻 기리고
동해 설악산 자락 금강산 향기 안고

서울까지 하루에 15시간씩
꼬박 20일
자전거 일주하는 아들
가슴 아린 반쪽짜리 땅

큰 눈망울로 통일 비추는 딸
이 겨레 하나 될 때까지

뚜벅뚜벅
백두산까지
가야만 하는 길

그릇된 식민지사관

키우던 꽃 한 송이 지면
내 탓인가

자식 울면
내 탓인가

폭풍우로 논밭 떠내려가
초근목피하면
민심 잃은 왕 탓인가 했는데

귀중한 나라 빼앗겨
역사 기울었는데도

호의호식한 임금은
아직까지도
신하들 탓하더이다

360도 이빨 빠진 그릇

언제부터인가
말 많은 사람
사투리 많이 쓰는 사람
주위 사람 욕하는 사람
나라 욕하는 사람들이
아쉽고 부담스러웠다

대책을 한두 가지라도 제시하는
격렬한 비판과 언쟁은 들어줄 수 있지만

대안 제시 않고 핏발 세우는 비난은
미안할 정도로 참기 힘들어
손가락 네 개를 다 넣어 토했다

우리 자신 한 사람 한 씨알이
우리 민족의 주인인데
머슴처럼, 종처럼, 다른 나라 사람처럼
힘을 버림이 안타깝다

아직은 작고 약해
힘 모두어 서로 칭찬하며 토닥여
한마음 되어야 할
우리 모두가 주인이다

서해에서 만나 흐르는
대동강과 한탄강은
우리 겨레 어찌 어찌 살고 있더냐고
볼 부비고 살 섞으며 뜻 세우는데
중국, 일본, 러시아 그리고 미국의
어른과 젊은이들은
화살 쏘듯 잘살려고 질주하는데

유독 2차 세계대전의 비참한 잔재
38선 비무장지대를
60여 년이 지난 지금
관광 상품으로 팔고 사는

우리 한 겨레는 언제까지

가슴 아린 미개민족으로 있을 건가

누가 애달파서 보듬어줄까
입만 벌리면 불평투성이인 우리

맑은 역사 잊고 사는
우리 민족을

이빨 빠져
모가 난
안타까운 씨알들

청자
백자
360도 이빨 빠진 그릇

남북 형제 미소

하얀 물보라 파도치듯
맑은 정
따스한 뜻
알알이 모아
한라산 백록담 가득 채우고

서로 아끼고 보듬어 주는
보금자리 짓고 또 지어
백두산 천지까지 가득 채우리

묵묵히 일하는 듬직한 소 같은
남북 형제들이여
맑고 밝게 영원하소서

김삿갓 도포자락

빛고을 광주 지나 화순 김삿갓 풍류대전
갓 부채 흰 도포자락 선비춤사위 보여 주는
미소년 학생들의 볼그레한 부끄러움

이렇게 하이얀 버선볼 지키려
낮과 밤 형제가 총부리 겨누며
추운 겨울 꽁꽁 얼어터진 보리밥 건네주었던가

오늘도 동학혁명과 빨치산의 생채기는
이리도 시퍼렇게
손부채로 맑은 갓으로
살아 숨쉬며 되살아나는데

초등학생 꽹과리 상모놀이에
운문사 와불도
일어서서 귀 후비는데

정작 오랜 세월 묵묵히 지켜 보아온
남도의 북은

하도 아파서

시리고 시린
달빛에
북채 허벅지 꼬집는다

가슴으로 온 목소리

정겹던 고등학교 국어책
정철의 관동별곡
"쇼양강 ᄂᆞ린 믈"

최현배 님
우리말본

함석헌 님
뜻으로 본 한국 역사

통금 있던 시절 밤 열한 시
도서관 라일락 향기 벤치 아래
큰 꿈 키우던 고등학생 세 놈
ᄂᆞ린 믈, 늘 흐르는 물 벗님들

보고 싶은 한 씨올은
캐나다 행 비행기 안이라서
통화 아니 되고

대낮부터 만취한 벗은
도인(道人)이라서
통화 아니 되어요

불통(不通)의 시(詩)
누린 믈

텅 빈 섬

밤 새워
외딴 섬 두드리고 두드리는
파도 끝자락 하얀 포말

아리고 저린 섬 모래톱
아침 알리는
하얀 종소리 울린다

오늘은 어떤 배
무얼 실은 배
어떤 고동소리 배가 올까

하루종일 기다리다 목 놓아 우는 긴 노을
토닥여 주는 작고 맑은 별
밤 하늘에도 꽃은 핀다

비워내고 비워서
텅 빈
텅 빈 섬

하고자 함도 없이 우러나서

저렇게 섬을 섬답게 해주려고
온몸 부딪혀 위로하는 파도처럼

우리
그리 살면 아니 되나요
정녕 아니 되나요

하고자 함도 없이
우러나서

그 무엇이든
없으면 아니 되나요

배 맞이 섬

고요하고
정갈한 텅빈 섬

파도 끝자락 하얀 속살
새파랗게 드러나는 바다

맑은 모래로 체를 쳐
대나무 소쿠리에 담아

하얗게 웃으며 다가온
목련 싣고온 배에게
빙그레 한 사발 건넨다

업혀서 깨는 아침

동백꽃 지면 파도가
풍란 지면 암벽이
빙긋 벙긋 미소 짓고

파도 암벽마저
외로워하면
별빛이 등 두드려주고

사람의 자취 잠든 새벽녘 남해바다
하늘 소리
땅 소리
바람 소리
파도 소리

하염없이
하염없이
아침을
업어서 깨우더이다

야학 후배에게 남기는 말

함께 해온 25년 동안
참 고마웠소이다

문경 산골 소년과
서울 마포 소녀의 만남
그 25년이 얼마나 힘들었겠소

서울 소녀는 미소 지으며 열 가지를
포기하고 살아왔고
문경 산골소년은
한 가지를 포기할 때마다
가슴 아프게 했소이다

보름 달덩이처럼
산골 비춰준 덕분에
이렇게
이만큼 훤해졌소이다

38선 손잡고 땅 밟고 둘이서

물 좋아하는 산골소년의
평화로운 눈길 봐주며

압록강 두만강까지 걸어서
백두산 정상까지 올라
부끄럽게 눈물 흘릴 때까지

그리고
내가 숨 멈추면
나의 재를
항상 부탁했듯이
그곳에 뿌려주실 때까지

가이없이 아끼는 야학 후배로
부족함 많은 귀여운 후배로
생각하며 살고 싶소이다

25년 동안 한 번도 말해 본 적 없는
사랑의 눈길로

맑고 고요한 마음으로
처음 본 날처럼 살아가리오

25년 옆 사람
고맙소이다

그리움

목소리 아니 들어도
열 달 동안
조신하게 귀 기울여 들어온
저의 맥박 소리를 잊으셨나요

늘 부족한 아들은
망망대해로 떠난
한낱 쪽배인 것을

세월 지나
어머니 묘소 망배(望拜)할 뿐인
한 자락 바람인 것을

기약 없고
이름마저 바라지 않는
한 마리
갈매기인 것을

곤히 잠든 할배

어항으로
피라미 잡고

그물로
광어 잡는다는

지폐 떠다니는
서울 강남 테헤란로

하얀 깜장 고무줄
때수건 면봉
머리핀 손톱깎이
칫솔 비누곽
할배 전 재산 좌판

지하철역 계단 모퉁이
베개 삼아
깜빡 잠이 든
할배 코고는 소리

검정 비닐봉지
방석 만들어 깔고 앉아
갈라터진 세월
먼지 마실 때

무심한
전철 바퀴
구르는 소리

오가는 이
가슴 울리는
할배 콧소리

하얀 비

초롱초롱 동해에 떨어진 별
밤새 걷고 걸어 새벽이슬 맞고
백두대간 태백산 넘어

멍멍이도 잠든 강원도 사북 탄광촌
검디검은 코흘리개들 놀이터
석탄재 쌓인 기찻길로 마실 올 때

한강 발원지 옹달샘 검룡소(劍龍沼)
소로록 소로록
생명 젖줄 만들 때

지하갱도 막장 석탄 캐는 소리
꺼억꺼억 광차 구르는 소리
낙엽처럼 목 메인 카지노 소리

시커멓게 말라버린 소리에 놀라
마실 온 동해바다 불쏘시개 별
시린 가슴 묻고 또 묻는다

검은 눈
하얗게 웃음으로 내려
하얀 비 될 때까지

할머니 손가락 골무

상처투성이 할머니 골무
대대로 이어받아
어머니, 어머니의 며느리

골무는 일러주고 있다
너희 인생은 골무와 같다고

살다 보면 온갖 바늘에 찔리며
피나고 아파하며 사는 것이
무릇 인생이라고

찔림은 당하더라도
찌르지는 말라고

찔리는 아픔을 익히 아는
까닭에……

나의 며느리에겐
물려주고 싶지 않은

골무
할머니 골무

실타래

대야산 맑은 자락
큰애는 말없이 누워 있고

막내는 중동에 전기공으로 갔다 와
쇠 꽂은 다리 절룩거려
이 어미를 울린다

곡괭이 눈썹
꽉 다문 입술
어쩌다 어머니라 부르는
아직도 서먹서먹한
하나밖에 없는 서울 며느리

팔십 평생 홀로
명주 짜며 사는데
어미 걱정 돼서 왔다며
우물가 오이 뚜욱 잘라
내 입에 우겨 넣으며 웃는
오십 중반 아들의 천진한 미소

아들아,

저 들판 보리처럼
다시 일어서려무나

어머님

퐁퐁 솟아나는 맑은 샘물
우리 어머님

어머니 생각하면
가슴이 메고 뭉클 눈물이 납니다

그 오랜 세월 그 힘들었던 삶을
항상 웃으시면서 인정 베푸시고 살아오셨고

지금도
한결같으신 어머니

제가 어릴 때 "엄마, 내가 크면 잘 해줄게"
했던 약속을 지금도 지키지 못하는

못난 아들은 오늘도 소리 없이
저의 부족함을 나무랍니다

그 많은 어려움과 파도를

늘 잔잔한 미소로 맑은 샘물로 살아오셨고

그 미소를 지금도 가르쳐 주고 계시는
우리 어머니
진흙 속에서 연꽃 뿌리 되어
자식들을 연꽃으로 피우신

홍보살 님, 깊고 넓으신 뜻을
배우고 또 배운답니다

오래오래 사셔야
조금이라도 갚을 것 같으니

어머니
오래오래 사세요

남태평양 하얀 섬

살다가 살아지다
힘이 들면
너무 힘이 들면
참을수록 눈물 솟으면
섬이 되고 싶다

별 달처럼 살라고
어깨 쳐주어도
물속에 가라앉고 싶으면, 섬이 되고 싶다

그렇게 그만큼 보듬어 주어도
다른 쪽만 보고 사냐며 등 돌리면
남태평양 하얀 섬 보라카이로 가고 싶다

태어나면서부터 태풍에 산산이 부서져
더는 가루 될 수 없는 가루 되었는데도
살고 싶어 찾아오는 임에게 힘나게 해주는

또 다시 가루의 가루 되더라도

바다 속 한 줄기 햇살 고이 받아 환하게
웃고 사는
보라카이 산호 되리라 임에게

하나 될 수 있는데

뫼 가람 바다
하늘 땅은
하나 되는데

햇살 먹은
싱그러운 바다풀도
하나 되는데

뜨거운 가슴만 있다면
우리 모두
하나 될 수 있는데

살아 숨쉬는 이별

오래 전 나은 줄 알았던 이명 현상
휴화산처럼 되살아나 들리는
첫 사람 웃음소리

눈 덮인 낙엽 사이로
살포시 스며들어
마지막 한 가닥 햇살마저 녹인다

발바닥에 전해오는
황토의 뭉클함

다시 볼 수 있을까
맨 처음 그 마음

여자는

어머니를 제외한
모든 여자는
99점도 101점도 아닌
똑같이 100점

모양새가 지나치게 돋보이면
대체로 인품이 아쉽다

외모가 출중한 여자는
보아서 즐거운 금방 녹는 눈을 좋아한다

마음이 충만한 여자는
은은하게 촉촉이 가슴 적셔주는
깔끔한 비를 좋아들 한다

여자는
좌우로 흔드는 엉덩이의 힘으로
앞으로 가고

남자는
앞뒤로 흔드는 팔의 힘으로
앞으로 간다

계림 산봉우리

중국 계림(桂林) 산수갑천하(山水甲天下)
최고 경치 이강(漓江) 유람
신선들의 선경(仙景)

비 온 뒤 무수히 솟은 대나무 순처럼
올 터진 면장갑 사이로 뾰족이 내민
애기 손가락처럼

이슬처럼 솟은 봉우리들
통 굵은 대나무 숲

하늘이 어루만져 주었나
땅이 받쳐 주었는가

입 다물 수 없어
눈 감을 수 없어

맑은 나그네 되어 흐르는 이강(漓江) 강물 속으로
흡족한 미소 지으며 눈 떨구니

물속에 잠긴 대나무 숲 산봉우리들
밤이 오면 별 달 뜨겠지

고기 잡아주며 먹고사는
애틋한 가마우지처럼

애절한 우리네 마음도
매화꽃 피면 별빛 달빛 되어

정월 대보름달처럼
넉넉하게 흐르리라

새 휴지 한 장

구겨진 채 널브러진
여러 장의 휴지 보기 흉하나
새 휴지 한 장으로 감싸니
아름다운 작품이 된다

우리들의
어떤 부족함도
큰 마음 큰 그릇 되어
감싸안으면

우리 모두
함께

하얗고 뽀송뽀송한 벗으로
다시 태어날 수 있다

금강 갈대밭

금강 갈대는 이렇게
봄부터 여름까지 새파랗게 웃었다

가을엔 울었다
하도 하도 무거워서

겨울엔 웃었다
앙상하게 다 털어내니
이리도 가볍고 텅 비어서

갈대야

갈대야 갈대야
폭풍우에 휘어져 아파도

우리네 어머니 앞에선
휘지 말아라
소리 내어 울지도 말아라

우리네 어머니
새색시 되어
꽃가마 타고
가실 때까지

형제

형은
연을 잘 날게 해주는
바람

동생들은
이쁜 연

어머니는
연 줄

아우야

여유롭지 못해
힘이 되지 못해
오히려 가슴 아파하는 큰형의 아낌
서운하더라도 너무 야속하다 말아라

우리 한 이불 속에서
살 부비던
어머니의 천 조각 이불의
한 땀 한 땀을 기억하자

발가락까지 감기 걸릴까
덮어주시던 어머니의 따뜻함을
말없이 지켜보시던 아버지를

아우야 우리
아버지 어머니 발가락
살아 숨쉴 때까지
그 느낌 그대로 살자

스쳐가는 생각

엄마따라 종종종 걸어가는 병아리 떼처럼
세월이라는 시간의 흐름에 따라가는
인간이란 군상의 모습이 떠오른다

나는
흐르는 물인가
물에 떠 있는 배나 낙엽인가

이세상에 수많은 동물 중에
인간의 모양으로 와서 동물로 살다,
바람에 날려가거나 물에 떠내려가거나
흙부스러기가 될 동물이란 생명체 아닌가

나만 세파에 힘든게 아님을 알고
마음이 텅비어도, 시리지않는 허공이 되는 날이
언제나 올까

겨울은 난로위 주전자처럼 뜨거워지는데,
차디찬 새벽공기 같은 생각에 젖어본다.
하하하

가을밤 새벽잠의 꿈

이끼 끼고 금 간 담벼락
가을비 주룩 주룩 내리는
경사진 담벼락

가냘픈 다리 바르르 떨며
연신 고개를 좌우로
부리를 위아래로
눈동자 바쁘게 움직이는
참새, 들새들

마을어귀 큰느티나무 꼭대기
어디서 온 학인지 두루미 몇마리
조용히 앉아
별로 크게 할일도 없는듯한 표정으로
마을을 바라보고 있다

학인지 두루미 일꾼 노릇에
순간 순간 놀라고 긴장하며
참새, 들새처럼 살고 있는 다수

선비정신, 순수 평화주의
찾아보기 힘들고
평가절하 받기 일쑤인 세상

먹고 살기위해
연신 고개 조아리는
담벼락 참새처럼, 이젠 그만살고

좀 가난하더라도 나를 비워서
느긋하고 청정하게
이름없이 묵묵히 살아가자

내가 태어난 그 곳
나를 부르는 그 자리
자연인으로 돌아가자.

참회록

같이 기뻐해서
누리는 즐거움도

받지 못해 서운함도
주지 못해서 낯 뜨거움도

예쁘게 웃을 때
도닥이며 같이
하회탈 못 되었음을

그리 큰 뜻도 아닌데
하나 되지 못함을
나무라거나 옥죄었음도

작고 적은 그릇이었음을
깨닫지 못한
어리석은 이었음을

물결처럼

마음결
맑으면
그만인 것을

이리도
오랜 날을
버리면 안 되는
껍질처럼
속살처럼
살아왔음이

나의
얕고 작은 그릇

나의 결
나의 물
나의 뿌리 탓이었소이다

옹달샘도

시냇물도
큰 가람도
바다에서도
살아온
삶의 결이

이젠
흰 머리카락
굵게 파인 주름이
고마울 뿐이요

어릴 적
엄마 젖 빨듯이
마구 빨고 온 세상을
이젠
미운 이 고운 이
다 갖춘 이에게도

너그러운 마음으로

안고 나누어주고 가야 할
때가 되었다

이만큼 살았으면
살면서
더럽혔음도 깨닫고
이젠 가자

하늘
땅
뫼
가람
풀
살게 해주는

흙에게
바람 가루 되자꾸나

| 해설 |

이 세상에서 가장 맑은 시와 가장 따뜻한 시

| 작품해설 |

이 세상에서 가장 맑은 시와 가장 따뜻한 시

이승하
(시인·중앙대 교수)

오늘날 우리 시단의 가장 큰 문제는 시인과 독자의 분리현상이 아닐까. 미래파 시인들의 등장 이후, 독자가 시집을 사 읽지 않는 현상이 심화되고 있다. 다시 말해 시인 각자는 독백을 하고 있는 셈이고, 독자는 그 독백에 귀를 기울이지 않고 있다. 그래서 역설적이게도 시 낭송대회가 전국적으로 큰 붐을 일으키고 있다. 이는 읽히는 시, 낭송할 수 있는 시, 이해가 되는 시에 대한 갈망 때문이 아닐까. 이상현 시인의 시는 그런 점에서 독자 친화적이다. 쉽게 이해되면서도 깊이가 있다. 의도적인 난해함을 배제하고서 때로는 추억담을 들려주듯이, 때로는 경험담을 들려주듯이 소곤소곤 이야기하는데, 독자들은 고개를 금방 끄덕일 것이다.

문예지마다 시가 차고 넘치지만 그 대부분의 시가 수십 년 동안 시를 써 오고 읽어 온 해설자조차도 고개를 갸웃거리게 한다. 난해성이 현대시의 덕목이라는 생각은 이제 불식되어야 한다. 소통이 안 되는 시, 납득이 되지 않는 시는 처음에는 답답함을 주지만

나중에는 울화를 치밀어 오르게 하지 않던가. 시를 꼭 이렇게 어렵게 써야만 하는 것일까.

이상현 시인은 2007년에 등단하여 그해에 첫 시집 『미소 짓는 씨올』을 펴냈다. 그러고 보니 등단한 지도 10년이 지났고 시집을 발간한 것도 10년 전의 일이다. 그만큼 조심스럽다고 해야 할까, 신중하다고 해야 할까. 왜 첫 시집의 제목에 '씨올'이라는 낱말이 들어갔는지 알아봐야 할 것 같다.

고등학교 2학년 때였다. 함석헌 선생이 쓴 『뜻으로 본 한국 역사』를 감명 깊게 읽은 이상현 학생은 함석헌 선생을 찾아간다. 명동에 있는 가톨릭여학생관(전진상교육관으로 이름이 바뀜)에서 매주 화요일에 노자의 『도덕경』 강의를 하는 것을 알고는 찾아가 듣기 시작한 것이다. 함석헌 선생과의 인연은 선생이 작고하실 때까지 이어진다. 사상의 스승이자 인생의 스승, 시세계의 스승으로부터 큰 가르침을 얻게 되었던 것이다. 이상현 시인은 어느 잡지사 기자와의 인터뷰에서 이렇게 말한 바 있다.

"겨레를 향한 사랑과 통일에 대한 갈망, 바로 서지 못하는 조국에 대한 염려 등도 함 선생님의 깊은 사상에서 배운 것입니다. 무릇 어느 나라든지 큰 스승이 계셔야 나라가 바른 방향으로 갈 터인데, 작금의 세태는 함 선생님을 더욱 생각나게 합니다."

함석헌 선생이 말씀하신 '씨올'의 뜻은 무엇일까? 생명의 근원, 자아, 혹은 민중, 참됨, 희생 등 뜻이 참으로 다양하여 한마디로 개념을 정리할 수 없다. 아무튼 청년 이상현은 스승의 뜻을 받들어 서울 묵동에 야학을 설립해 배움의 기회를 놓친 직업청소년들을 가르쳤다. 일단 시집의 제일 앞머리에 놓인 시부터 살펴보도록 하자.

한라산 백록담 아래
노루 샘물
펑펑 내리는 눈
담담하게 온몸으로 받아 입고

푸르디푸른 잎 한 가닥 한 가닥에
고드름마저
달고 사는 구상나무

—「한라산 구상나무」 전반부

눈이 함빡 온 날 제주도 구상나무는 비록 식물이지만 추위에 꽁꽁 얼어 있을 것이다. 나무는 잎 한 가닥 한 가닥에 고드름을 달고 산다고 한다. 푸른 잎과 고드름은 한 공간에서 만나기 힘든 사물들인데, 시인은 그러한 점에 주목한다. 잎이 푸르기만 하다면야 그것에다 두고 무슨 말을 더할 수 있겠는가. 그래서 시인은 그 싱싱한 이미지에 차가운 기운을 더한다.

세상사 아픔이 깊어도
제주도 파도소리 벗삼아
시퍼렇게 웃는 구상나무

춥다 하지도

추워하지도 않아
눈 오고 고드름 달려도
때 되면 녹아
생명수 될 테니

—「한라산 구상나무」 후반부

시인은 함박눈이 내린 날 제주도에서 구상나무를 보고 루소의 명언 '인내는 쓰다. 그러나 그 열매는 달다.'를 생각했을지도 모르겠다. 식물이니까 말을 하지 않는 것은 당연하다고 치고, 눈 맞고 고드름이 달려도 봄이 오면 다 녹아서 '생명수'가 될 것을 알고 있기 때문에 현재의 추위를 견디고 있다고 말한다. 참고 견디는 자가 맞이할 따스한 봄기운에 힘입어 고드름을 생명수로 바꾸는 자연의 변화가 경이롭기만 하다. 겨울의 벤치도 마찬가지다. "기약 없는 온기를 기다리며/ 땅속에 시간을 묻고", "잔설에 떨어진 솔잎/ 아지랑이 봄날을 꿈꾼다"(「겨울 벤치」).

이번 시집에는 꽃을 시적 대상으로 한 시가 특히 많다. 그런데 이들 시의 공통점은 희망적이라는 것이다. 우리 시가 일제 강점기에 서구 근대시의 이입을 경험한 탓에 애상조의 노래는 정말 많았다. 비애의 심상, 비극적 세계관, 한의 정서 같은 것은 우리 시에서 아주 일반적인 것이었다. 이육사의 지사적인 기질이나 한용운의 종교적인 이미지는 예외적인 것이다. 이상현의 시는 고난에 초점을 맞추지 않고 고난의 극복에, 체념에 초점을 맞추지 않고 체념의 승화에 집중하므로 독자는 마음을 졸이지 않아도 된다.

강퍅한 들판, 들꽃들은
이렇게 오랫동안
기다리고 기다렸나 보다

—「밤하늘에 꽃이 핀다」 마지막 연

하얀 눈 속에서
호호 불며 추워하고

새싹으로 돋아날 거름 되어

따스한 봄날
헤아린다

—「나도 꽃처럼」 후반부

봄날 아지랑이 기다리며
눈꽃으로 새로 움튼다

피었다 지고 저물었다 피어나는
우리네 기쁨과 슬픔들

—「꽃이 아닌 삶이 있던가요」 후반부

이상현 시인은 식물이 꽃을 피워낼 수 있는 것은 겨울의 한파를 이겨냈기 때문이라고 결론 내리기를 좋아한다. 참고 견디는 시간이 그만큼 값지다는 것을 시인은 보여주고 싶어 한다. 꽃이 활짝

핀 모습은 열흘을 유지하기 어렵지만, 그것을 피워내기까지 온갖 어려움을 견뎌낸 시간을 시인은 더 값지다고 생각한다. 시인은 저 꽃들한테서 인내심을 배워야 한다고 다시 역설한다. "늘 생명 불어넣어 주는/ 흙과 물이 되길……"(「꽃과 유람선」), "따스한 미소/ 늘 나누어주는 들꽃"(「들꽃」) 같은 구절도 그렇다. 그런데 좀 색다른 제목의 시가 있다.

해맑은 꼬맹이부터
주름진 할머니까지

참 예쁘다 어쩜 저리도 고울까
볼도 만지고 머리 쓰다듬어 주기에
저만 잘난 꽃인 줄 알고 살았어요

장마 지고 눈보라쳐도
영원히 꽃일 거라 생각했어요

햇빛, 달빛, 땅, 물
모두의 은혜 받고
뿌리, 줄기, 가지, 잎 덕분인 줄
미처 모르고 살았어요

이젠
꽃 아니고 싶어요

—「이젠 꽃 아니고 싶어요」 전문

이 시의 화자는 꽃이다. 사람들은 내 앞에 와서 “참 예쁘다” “어쩜 저리도 고울까” 하고 좋은 말만 한다. 꽃도 장마 지고 눈보라쳐도 영원히 꽃일 거라고 생각했는데 어느 날 큰 깨우침이 온다. 내가 이런 아름다운 색깔을 지니고 향기를 풍길 수 있었던 것은 햇빛 · 달빛·땅·물의 은혜를 받은 덕이고 뿌리·줄기·가지·잎 덕분인 줄 모르고 있다가 알게 되었기 때문이다. 그래서 “이젠 꽃 아니고 싶어요” 하고 후회와 반성의 말을 토해내는 것이다. 이 생각을 좀 더 확대시키면 우리는 스스로를 위하고 남을 돌보는 자리이타(自利利他)의 불교적 실천사상을 가져야 한다는 것이다. 원수를 사랑하라는 기독교의 가르침도 마찬가지다. 시인은 함석헌의 씨올사상을 실천하고자 자기만 위하고 자기만 잘난 체하는 우리 모두에게 교훈을 주고 싶었던 것이다.

분단 극복과 통일 지향의 시편도 적지 않다. 마침 평창동계올림픽 개막을 며칠 앞둔 시기에 시집 원고를 읽어서 그런 것인지는 모르겠지만 더욱 절실히 가슴에 와 닿는다.

하얀 물보라 파도치듯
맑은 정
따스한 뜻
알알이 모아
한라산 백록담 가득 채우고

서로 아끼고 보듬어 주는

보금자리 짓고 또 지어
백두산 천지까지 가득 채우리

묵묵히 일하는 듬직한 소 같은
남북 형제들이여
맑고 밝게 영원하소서

—「남북 형제 미소」 전문

남북관계를 정치적으로 이용하려 드는 위정자와 달리 일반 서민은 이산가족의 상봉을 간절히 원하고 있다. 우리나라 사람 모두 금강산 관광을 하고 싶어한다. 개성공단이 다시 가동되기를 원한다. 시인 또한 남과 북이 정말 순수한 마음으로 대화를 나누고 통일을 준비하기를 바란다.

중국 땅 장백산에서
더 이상 갈 수 없어
바라보기만 해야 하는 백두산

솟구쳐 장백폭포
송화강 흐르는 천지
우리 동포 하나 되길 갈망하는 눈물

두만강 압록강
목말라 굶주린 황토 흙눈물

세상 사람들
형 아우 만나 볼 부비며 사는데

머리도 다리도 있건만
못 만나고 사는 우리 겨레

—「천지 눈물」 부분

백두산에 올라가 천지연 앞에 서본 사람은 전부 같은 생각을 했을 것이다. 중국 땅을 통해 여기에 올라오지 않고 우리 땅을 밟고 여기까지 오면 얼마나 좋을까. 시인에게는 장백폭포도 송화강 흐르는 천지 물도 "우리 동포 하나 되길 갈망하는 눈물"로, 맑지 않은 두만강과 압록강도 "목말라 굶주린 황토 흙눈물"로 인식이 된다. 자전거로 서울에서 해남 땅끝마을까지 꼬박 20일을 달려간 아들이 "동해 설악산 자락 금강산 향기 안고" "뚜벅뚜벅/ 백두산까지/ 가야만 하는 길"(「가야만 하는 길」)을 갈 수 없으니, 참으로 안타까운 것이다. 그 아들이 여덟 살 때 "아빠,/ 무서운 군대/ 나도 가야 해? 무서운데"라고 물어보았다. 그때 "걱정하지 마라/ 너희 컸을 때면/ 통일 되어서/ 군대 갈 일 없다고 했었는데"라고 답했는데 세월이 흘러 아들이 스물두 살 때 특전사에 입대하는 바람에 면회 가서 옛날 일을 회상하는 것이다. 통일은 요원하고 아버지는 손수건으로 눈물을 닦는다. 아래의 시는 그마나 개성관광, 금강산관광이 이뤄지고 있을 때 쓴 것이다.

서해에서 만나 흐르는
대동강과 한탄강은
우리 겨레 어찌 어찌 살고 있더냐고
볼 부비고 살 섞으며 뜻 세우는데
중국, 일본, 러시아 그리고 미국의
어른과 젊은이들은
화살 쏘듯 잘살려고 질주하는데

유독 2차 세계대전의 비참한 잔재
38선 비무장지대를
60여 년이 지난 지금
관광 상품으로 팔고 사는

우리 한겨레는 언제까지
가슴 아린 미개민족으로 있을 건가

—「360도 이빨 빠진 그릇」 부분

1948년에 38선이 만들어졌고 1953년에 휴전선이 만들어졌다. 남북 분단이 된 것을 1948년을 보면 올해는 70주년이고 휴전협정이 체결된 1953년으로 보면 65주년이다. "우리 자신 한 사람 한 씨알이/ 우리 민족의 주인인데/ 머슴처럼, 종처럼, 다른 나라 사람처럼/ 힘을 버림이 안타깝다" 고 솔직하게 말하기도 한다. "사방이 벽에 가로막힌 이 땅/ 머지않아 얼음 녹아// 단풍 은행잎 날아가고/ 목련이 뚜벅뚜벅 올 것"(「목련 기다리는 땅」)이라고 희망을

품어보기도 한다. 아래 시는 거듭 읽어보는데, 아무래도 유언 같다. 백두산 정상에 자신의 뼛가루를 뿌려달라고 하니, 시인의 통일에 대한 열망이 얼마나 큰 것인지 알 수 있다. 평창동계올림픽의 성공적인 개최 이후 남북정상회담이 극적으로 이루어졌다. 북한이 정말 핵을 폐기한다면 통일을 향한 힘찬 2인3각 달리기를 시작할 수 있을 것이다. 이번 남북정상회담을 가장 감격적으로 시청한 남한의 시인이 바로 이상현 시인이었으리라. 이제 좀 다른 분위기의 시를 살펴보자.

'문경 산골 소년'과 '서울 마포 소녀'는 야학에서 선후배로 만나 백년가약을 한 것이 틀림없다.

38선 손잡고 땅 밟고 둘이서
물 좋아하는 산골소년의
평화로운 눈길 봐주며

압록강 두만강까지 걸어서
백두산 정상까지 올라
부끄럽게 눈물 흘릴 때까지

그리고
내가 숨 멈추면
나의 재를
항상 부탁했듯이
그곳에 뿌려주실 때까지

가이없이 아끼는 야학 후배로
부족함 많은 귀여운 후배로
생각하며 살고 싶소이다

—「야학 후배에게 남기는 말」 부분

오죽이나 통일을 갈망하면 '나의 재'를 백두산 정상에다 뿌려달라고 유언하듯이 말할까. 그런데 소망은 단지 그것만이 아니다. "38선을 손잡고 땅 밟고 둘이서" 올라가야 한다. 가다가 한 사람이 죽게 되면 남은 한 사람이 화장을 하여 천지 물에 뿌려달라는 것이다. 야학에서 선후배로 만났다는 것은 교사 일을 한동안 같이 하면서 동료에서 연인으로 발전한 것이 아닐까. 시인은 스승의 이름을 시에 직접 쓰기도 한다.

정겹던 고등학교 국어책
정철의 관동별곡
"쇼양강 ᄂᆞ린 믈이"

최현배 님
우리말 글본

함석헌 님
뜻으로 본 한국 역사

통금 있던 시절 밤 열한 시
도서관 라일락 향기 벤치 아래
큰 꿈 키우던 고등학생 세 놈
ᄂᆞ린 믈, 늘 흐르는 물 벗님들

보고 싶은 한 씨올은
캐나다 행 비행기 안이라서
통화 아니 되고

대낮부터 만취한 벗은
도인(道人)이라서
통화 아니 되어요

불통(不通)의 시(詩)
ᄂᆞ린 믈

—「가슴으로 온 목소리」 전문

사실 '물 이미지'는 이번 시집에서 가장 빈번히 만나는 이미지일 것이다. 「흐르는 물 되어」「흐르는 물처럼」「깊은 산골 물소리」「맑은 물결」「해 돋는 겨울 강」「하얀 비」 등 한두 편이 아니다. 이런 시편에 대한 이해는 독자에게 맡기고 관동별곡에 나오는 "쇼양강(昭陽江) ᄂᆞ린 믈이 어드러로 든단 말고"라는 구절을 상기하여 보자. 'ᄂᆞ린 믈'이란 흐르는 물, 흘러내리는 물이란 뜻이다. 고등학교 때 친한 세 친구 중 한 명은 캐나다로 이민을 갔나

보다. 한 명은 술을 좋아해 일찍 세상을 뜬 것일까. 또 한 명은 시인이 되었는데 '불통의 시'를 쓰고 있다. 그래서는 안 된다는 생각에 '누런 물' 같은 시를 쓰고자 펜을 손에서 놓지 않고 있다. 하지만 시는 나를 버리고, 나는 시와 헤어지고, 그 세월이 어언 10년이 넘었다.

> 소리 없이 재가 되어 날아가 버린 밤
> 수북이 찢겨진 낮달 같은 원고지
> 나는 시와 헤어지고 있는가
>
> —「헤어지지 않는 만남은」 부분

시인이라고 하여 시를 매일 쓰는 것은 아니다. 시심을 발동케 한 일이 일어났을 때, 불현듯이 펜을 들게 되는 것이리라.

> 시인은 입이 없다
>
> 맑은 눈빛과
> 글로써 말할 뿐
>
> 늘 흐르는
> 맑은 물
>
> 누구나 와서
> 손바닥 오므려 마시는

샘물 되고 싶을 뿐

시인은 입이 없다

—「시인」 전문

소설가는 입담이 좋아야 한다. 말을 많이 해야 한다. 시인은 말을 주저리주저리 하는 사람이 아니라 "맑은 눈빛과/ 글로써 말할 뿐" 이다. 눈은 마음의 창이라고 누군가가 말했다. 이상현 시인은 시인의 눈을 잘 닦은 유리창과 같다고 생각한다. 맑은 유리창을 통해서 바깥세상이 환히 보이듯, 맑은 눈으로 이 세상을 보고 싶어 한다. 시인은 나아가 "누구나 와서/ 손바닥 오므려 마시는/ 샘물 되고 싶을 뿐" 이라고 덧붙인다. 목마른 자의 가슴을 적셔주는 샘물 같은 시를 그는 꿈꾼다. 이런 시는 이상현 시인의 시론이다.

가장 맑은
시는
참회의 눈물이요

가장 깊은
시는
따스한 눈길이요

가장 가이없는 아낌의
시는

힘들고 지칠 때 함께 함이요

가장 아름다운
시는
한숨을 미소로 바꿔줌이요

가장 따뜻한
시는
눈 속 평화로움이리라

—「따뜻한 시」 전문

이상현 시인의 시가 왜 맑음과 밝음, 따뜻함과 아름다움을 지향하고 있는지 알 수 있게 하는 시다. 우리 사회는 혼탁하기 이를 데 없고, 각박하기가 이루 말할 수 없다. 끔찍한 사건 사고가 안 터지는 날이 없다. 그렇기 때문에 시인은 진선미를 추구하고 있는 것인지도 모르겠다. 아마도 시인은 계속해서 투쟁의 시가 아니라 평화의 시를 보여줄 것이다. 절망의 시가 아닌 희망의 시를. 비극의 시가 아닌 소망의 시를. 그래서 우리는 그의 시를 읽으며 위안을 받는 것이다.

지금까지 다루지 않은 세계를 그린 추억담이 있다. 이들 시가 모두 체험의 산물인지, 몇 퍼센트가 사실이고 몇 퍼센트가 허구인지 알 수 없다. 하지만 대체로 사실에 기반한 것이 아닐까. 철거반원들에게 방망이로 맞아 머리를 다친 여동생, 지금은 세상에 없는 여동생 이야기가 허구인지 사실인지 물어보지는 않았다. 그러나 이런 누이가 우리 사회에는 얼마나 많았던가.

고향집 초가지붕 달빛에 빛나는
하이얀 박꽃 같던
하나밖에 없는 여동생

마지막 밑천, 육신
피땀으로 일군 성냥갑 집, 산동네
건장한 어깨들이 휘두르는 방망이에
피 터지는 현장, 철거민 동네

철거 현장 사진 모두 찍어놓아야
보상 더 받게 할 수 있다고
머리 깨지고도 병원에서
환하게 웃던 별

—「먼 길 떠난 별」 부분

이 시 앞에서 눈물짓는다. 1971년 광주대단지사건에서부터 1979년 YH무역회사사건을 거쳐 2009년 용산참사에 이르기까지 크고 작은 사건들이 현대화 과정의 진통이라고 하기에는 고통이 너무나 컸다. 그런 고통의 현장에 대한 세세한 묘사를 하지 않고 여동생을 "먼 길 떠난 별"이라고 위로한다. 비극 앞에서 비통해 하지 않고 먼 길 떠난 여동생을 따뜻하게 위로하려는 오라비의 마음이 느껴져 가슴이 더 아프다. 실직하고 나서 동해 어촌으로 들어가 고기잡이배를 타는 친구의 사연(「바다에 잠긴 작은 별」)도 나오고 해고당한 뒤에 “산불 놓아 밭 일구고/ 송이버섯 팔아/ 왕대포 한 사발”을 들이켜는 친구의 사연(「송이버섯 만난 산」)도 나온다. 슬픈 사연이지만 시인은 이들 친구를 위로하려 애쓸 뿐, 분노하거나 세상을 원망하지 않는다. 맑고 따뜻한 시를 쓰고 싶어 하는 시론의 결과물이기 때문이다. 문경 광산촌 청파다방에서의 추억은 또 어떤가.

> 황토벽 사이로 얼기설기 드러나 보이는 수수깡
> 기찻길 옆 선술집 이층 청파(靑坡)다방
>
> 껍질 벗겨진 전깃줄에 널린
> 실 보푸라기투성이 빨래
> 실바람 한 번 불면 새까매지는 광산촌
> 돼지비계로 씻어내던 몸 속 석탄가루
>
> 석탄 실린 목청 좋은 화차
> 역무원 흔드는 파랑색 빨강색 깃발에 맞춰
> 옆 차와 짝짓기하듯
> 삭풍에 문짝 흔들리는 소리를 낸다
>
> —「기찻길 옆」 앞 3연

캐낸 석탄을 나르는 화차가 하루에도 몇 번씩 떠나고 돌아오니, 기차소리는 문경 사람들에게 가장 친근한 소리였을 것이다. 기찻길 옆 선술집 이층에 있는 청파다방에서 차를 마신 광부들은 일년내내 석탄가루를 마셨을 것이다. 진폐증을 앓다가 죽은 광부는 도대체 몇 명이었을까. 그들을 시인은 다음과 같이 위로한다.

종소리 되어 울리는 그립고 아린 그 시절
이빨만 하얗게 웃으며 울었던
허파를 삼킨 검은 섬

—「기찻길 옆」 마지막 연

이런 부분은 물론 비극적인 장면이지만 시인은 그것을 노골적으로 혹은 적나라하게 그리지 않는다. 독자의 마음에서 아픔을 끄집어내지 않고 슬픔에 잠기게 한다. 슬픔은 연민을 유발한다. 연민은 측은지심을 이끌어낸다. 측은지심은 카타르시스를 유발하고, 독자의 영혼은 정화가 되는 것이다. 시인이 시를 쓰는 목적이 여기에 있는 것이다. 다음 시도 보자.

낙동강 상류 강마을
삼강(三江) 주막
부엌 구석
주모 할매 화풀이 당해
볼 부은 꼬마 빗자루

빗살 다 닳아
술 찌꺼기 제대로 안 쓸린다고

빗자루 몽뎅이 쓸모없기는
내 인생과 같다고
김 나는 가마솥 뚜껑에다 패댕이치고
탁주 한 바가지 들이켤 때

괴탄 갈탄
신나게 타들어가는
낡고 녹슨 난롯가에 옹기종기
손불 쬐는 촌로(村老)들

… (중략) …

참깨 들깨 털듯 시름겹고
시름 잊고 덕담 나눌 때

맑고 누우런
듬성듬성 빠진 이빨 사이로

정겹게 흐르는
강 마을
달빛 세월

—「강마을 상류」 부분

장구한 세월이 한 편의 시에 담겨 있다. 수많은 마을사람들의 온갖 사연이 한 편의 시에 담겨 있다. 그 사연에는 희로애락이, 생로병사가 생략되어 있다. "빗자루 몽뎅이"를 놓고 자신의 신세와 동일시하는 촌로의 우스갯소리가 애잔한 슬픔을 자아낸다. 유머가 많은 시이지만 쓸쓸한 느낌을 지울 수 없는 이유는 무엇일까. 시인의 슬픔이 따뜻한 슬픔이어서 그런 것이 아닐까. 시인이 이렇게 세상의 온갖 비극도 온갖 쓸쓸함도 따뜻하게 감싸안으려는 정신은 어디서 온 것일까. 함석헌 선생의 그 올곧고 따뜻한 인간애에서 배운 것일까. 야학교사로서 직업청소년들을 가르치면서 몸에 밴 것일까. 어떻든 시인은 첫 시집을 내고 11년이 지난 지금에야 두 번째 시집을 낸다. 오래오래 뜸들이고 내는 이번 시집이 하나의 계기가 되어 큰 시인으로 도약하는 밑거름이 되기를 바란다.

이상현 시집_ 밤하늘에 꽃이 핀다

초판 인쇄 | 2018년 7월 10일
초판 발행 | 2018년 7월 15일

지 은 이 | 이상현
발 행 인 | 문효치
편집국장 | 김밝은

펴낸곳 | 사단법인 한국문인협회 月刊文學 출판부
주소 | 서울시 양천구 목동서로 225 대한민국예술인센터 1017호
전화 | 02-744-8046~7
팩스 | 02-743-5174
이메일 | klwa95@hanmail.net
등록 | 2011년 3월 11일 제2011-000081호
ISBN 978-89-6138-383-7 03810

값 10,000원